3,-

Großer Bär

François Place

Großer Bär

Aus dem Französischen von Bernadette Ott

Boje

Manche Lebewesen fliegen durch die Lüfte.
Sie sind mit Federn bedeckt
und nähren sich von den Früchten der Bäume.

Manche Lebewesen schwimmen im Wasser.
Sie sind stumm und ihre Haut
hat die Farbe des Mondes.

Manche Lebewesen laufen und laufen.
Sie nähren sich von den Gräsern,
die auf der Haut der Erde wachsen.
Sie haben Hufe oder gespaltene Klauen,
sie haben Köpfe mit Geweihen oder mit Hörnern
und sie kommen in riesigen Herden.

Und wieder andere jagen im Dunkel der Nacht.
Sie zerreißen das Fleisch mit ihren scharfen Zähnen.

Alle diese Lebewesen tragen den Atem des Lebens in sich,
von ihrer Geburt an bis zu dem Augenblick,
in dem sie ihn der Erde wieder zurückgeben.
Wie es alle, die vor ihnen waren, getan haben
und wie es alle, die nach ihnen kommen, tun werden.

Und dann ist ein seltsames Volk aufgetaucht.
Diese Lebewesen haben keine Hufe, um zu laufen,
und keine scharfen Zähne, um zu töten,
und keine Krallen, um das Fleisch zu zerreißen.
Sie müssen sich mit dem Fell der anderen Lebewesen
bedecken, um sich vor den Bissen der Kälte zu schützen.

Sie sind schwach. Sie sind nackt.
Und trotzdem laufen sie.
Und trotzdem jagen sie und töten sie.
Sie greifen mit Speeren an.
Ihre Schreie sind anders als die aller anderen Lebewesen.
Sie sind die Wesen mit dem aufrechten Gang.

Das ist die Geschichte von einem von ihnen.

Er wurde geboren, als die weiße und kalte Zeit
vorüber war und an den Bäumen junge Blätter wuchsen.

*Ich, Großer Bär, war seiner Mutter im Traum erschienen, in der Nacht,
bevor er geboren wurde, und so kam es, dass dieses kleine Wesen mit
der Kraft eines Bären geschrien hat, mit der Kraft derer, die wie ich
im Rachen der Erde schlafen.*

Nawa, seine Mutter, wusch ihn.
Sie hat ihre Nase gegen seine Nase gerieben.
Danach haben sich alle aus seinem Stamm um ihn
versammelt. Sein Vater Wouhon, seine Großmutter
Doha, sein Onkel Traho und alle anderen kamen, um
seinen Geruch zu riechen.
Sie haben ihren Geruch mit seinem Geruch vermischt.
Er hat die Milch getrunken, die den Atem des Lebens
nährt. Dann ist er an der warmen Brust seiner Mutter
Nawa eingeschlafen.
Sein Stamm hat ihm den Namen Kaor gegeben.

Seine Mutter trug ihn immer fest an ihren Körper gedrückt. Und noch im Schlaf hörte Kaor den Gesang ihrer Stimme und ihre Schritte wiegten ihn hin und her.

Als die weiße und kalte Zeit kam, musste Kaor stark sein.
Seine Mutter war warm, er presste sich an sie, und sie lagen ganz nah am Feuer.
Draußen fiel der Schnee.
Die Essensvorräte wurden knapp.
Hungrige Bäuche tun weh.

Aber Kaor war stark.
Die weiße und kalte Zeit nahm ihm den Atem seines Lebens nicht wieder fort. Später lernte Kaor, dass der Winter den ganz kleinen und den ganz alten Wesen mit dem aufrechten Gang häufig den Lebenshauch nimmt.

Ich, Großer Bär, habe ihn beim Größerwerden beschützt, ich habe über seine Träume gewacht.
Ich wollte, dass aus ihm ein richtiges Menschenkind wird.

Und ich beschütze ihn auch noch, als er endlich gehen, laufen und springen kann.

Er spielt mit den anderen.
Er fängt im Fluss kleine, glitzernde Lebewesen.
Er klettert auf Bäume.

Er lernt, wie man einen Stecken wirft.
Er lernt, wie man einen Stein bearbeitet.
Wenn der Stein große Zähne bekommt, kann man mit ihm schneiden. Wenn er scharfe kleine Zähne hat, bindet man ihn an einen Stecken und kann mit ihm töten.
Er lernt, wie man nach der Jagd das Fleisch kocht.
Er lernt, wie man Feuer macht.

So vergehen Frühling, Sommer, Herbst und Winter …

Eines Morgens kommen die Jäger aufgeregt ins Lager zurück. Schon von weitem rufen sie:
„Die Herde mit den Geweihen kommt! Es sind viele! Mehr als Steine im Fluss! Tanda, die große weiße Hirschkuh, ist ihre Anführerin!"
„Die Herde mit den Geweihen! Viele! Mehr als Gräser auf der Haut der Erde! Tanda, die große weiße Hirschkuh, ist ihre Anführerin!"

Kaor läuft seinem Vater Wouhon entgegen und sagt mit lauter Stimme:
„Kaor will auch mit auf die Jagd!"
Die anderen Männer lachen. Traho, sein Onkel, schimpft:
„Die mit den Geweihen sind stolze Wesen. Sie werden ihren Lebensatem keinem so kleinen Jäger geben. Kaor soll bei den Kindern bleiben. Wenn er älter ist, kann er mit auf die Jagd!"
„Aber Kaor ist stark! Kaor fürchtet sich nicht!"
Wouhon legt seine Hand auf die Schulter seines Sohnes:
„Wouhon wird seinen Sohn mitnehmen. Aber Kaor wird den Speer, der töten kann, nicht werfen. Und vor allem wird Kaor nicht die Augen heben, um Tanda, die große weiße Hirschkuh, anzuschauen. Tanda spricht die Sprache unserer Ahnen. Sie ist die Anführerin der Herde mit den Geweihen. Sie sorgt dafür, dass die Wesen auf zwei Beinen Nahrung haben. Niemand darf ihr in die Augen schauen."

Die Jäger brechen auf, sie wandern Tag und Nacht, ohne sich auszuruhen, bis sie den Rand der Hochebene erreicht haben. Unten im Tal macht der Fluss eine Biegung. Das Lärmen der großen Herde steigt hoch in den Himmel hinauf.

Die Jäger steigen zum Schilfufer hinab. Sie verteilen sich. Sie schleichen sich zwischen den Schilfrohren vorsichtig an und passen auf, dass der Wind in ihre Richtung weht, damit nicht ihr Geruch die erfahrenen Alten der Herde mit den Geweihen warnt.
Plötzlich springen die Jäger aus den Schilfrohren hoch.
Die Speere, die töten können, fliegen durch die Luft.
Die Herde rennt wild durcheinander, einige stürzen, drehen sich um sich selbst, drängeln sich an der Stelle, an der sie den Fluss durchqueren wollen. Die Jäger stoßen Freudenschreie aus und trinken das frische Blut.

Kaor hat sich zwischen den Schilfrohren verlaufen. In dem großen Gedränge der Herde stolpert er und fällt hin. Da kommt ein Wesen mit einem Geweih auf ihn zu, langsam, Schritt für Schritt, den langen Hals vorgestreckt. Kaor senkt schnell die Augen, er hat Tanda erkannt, die große weiße Hirschkuh.

Mit ihrer Schnauze beschnuppert sie den jungen Jäger.
„Tsss, ein kleines Wesen auf zwei Beinen. Du bist noch zu jung, um einem von uns seinen Lebensatem zu nehmen. Viel zu jung. Wie ist dein Name?"
Kaor hält die Augen weiter gesenkt.
„Ich bin Kaor, Sohn des Wouhon."
„Du verstehst meine Sprache, kleines Menschenkind, das ist gut. Du bist ein folgsamer Sohn, du ehrst das Versprechen, das du deinem Vater gegeben hast. Das ist sehr gut. Ich mache dir ein Geschenk: Du wirst immer die Spur meines Volkes finden können. Aber du darfst nie selbst einem Wesen mit einem Geweih den Lebensatem nehmen, niemals!"
„Aber Kaor ist ein Wesen auf zwei Beinen. Er muss das Volk von Tanda jagen, um Nahrung zu haben!"
„Kaor ist kein Jäger wie alle anderen. Sein Lebensweg wird ihn von ihnen fortführen: Seine Aufgabe ist es, den zu finden, der seit seiner Geburt über seine Träume wacht und der im Rachen der Erde schläft."

Die große weiße Hirschkuh bläst ihm ihren Atem mitten ins Gesicht und Kaor fällt in eine tiefe Ohnmacht. Dann hebt Tanda den Kopf, und mit ein paar Sprüngen ist sie wieder bei der großen Herde, die ihre Flucht ans andere Ufer des Flusses fortsetzt.

Die Jäger haben den leblosen Körper von Kaor gefunden. Mit ernsten Gesichtern kehren sie ins Lager zurück. Nawa stürzt sich auf Wouhon, der ihren Sohn in den Armen trägt.
Traho, der Onkel, ist voller Wut.
„Kaor hat Tanda in die Augen geschaut, deshalb hat sie ihm seinen Lebensatem genommen. Kaor hat den Schwur der Wesen mit dem aufrechten Gang gebrochen. Jetzt wird die Herde mit den Geweihen ihr Fell und ihr Fleisch anderen Stämmen geben!"
Aber Wouhon erwidert sofort:
„Kaor hat das Wort gehalten, das er seinem Vater gegeben hat. Das weiß ich."

Ich, Großer Bär, wache seit seiner Geburt über dieses kleine Menschenkind. Ich bleibe an seiner Seite, als es von Tanda, der großen weißen Hirschkuh, in das Reich der Geister gesandt wird. Sein Körper brennt. Ein kleiner Hauch von Leben zittert noch auf seinen Lippen.

Ich helfe ihm, zu den Seinen zurückzukehren.
Ich begleite ihn bis an die Schwelle seiner Welt zurück.

Als er wieder zu sich kommt, stößt Nawa einen Freudenschrei aus. Alle aus seinem Stamm umringen ihn. Alle, bis auf Traho, den Onkel, der voller Wut ist.

Drei Monde nach der großen Jagd auf die Herde mit den Geweihen stürzt Wouhon, Kaors mutiger Vater, von einem Felsen in die Tiefe.
Sein Körper haucht seinen Lebensatem aus.
Der ganze Stamm geleitet Wouhon zu seiner letzten Lagerstätte.
Alle streuen Blumen über seinen Körper und rufen Tanda an, damit sie Wouhon auf seiner Reise in das Reich der Geister beschützt.

Kaor hat jetzt niemanden mehr, der ihn vor der Wut seines Onkels behütet.

Wieder vergehen Frühling, Sommer, Herbst und Winter ...
Die Herde mit den Geweihen kommt nicht mehr über den Fluss. Traho sagt, dass Tanda, die große weiße Hirschkuh, sie an andere Ufer führt, weil Kaor ihr in die Augen geschaut hat. Das Fleisch wird knapp.

Kaor wächst heran. Er geht allein auf die Jagd. An fernen Orten, die nur er kennt. Er kehrt mit Fleisch für Nawa, seine Mutter, und Doha, seine Großmutter, zurück.
Wenn Wasser vom Himmel fällt und trotzdem die Sonne scheint, wartet er auf den hohen Berg aus Farben.
Und dann träumt er davon, dass er auf ihm bis ins Land der Wolken klettert ...

Eines Tages, als Kaor von der Jagd zurückkommt, stellt sich ihm sein Onkel Traho in den Weg. Voller Verachtung deutet er auf die Beute, die Kaor über der Schulter trägt:

„Schon wieder ein Hörnerkopf! Kaor kann nur den kleinen Wesen den Lebensatem nehmen. Er hat keine Kraft! Er hat keinen Mut!"

Der junge Jäger schaut ihm in die Augen:

„Das ist nicht wahr. Kaor ist stark. Er ist auf der Jagd nach dem Hörnerkopf lange durch das Gebirge gelaufen. Er ist über Felsen geklettert, er ist durch das Wasser gewatet, das den Berg hinunterstürzt, und er hat mit einem einzigen Wurf des todbringenden Speers dem Hörnerkopf den Lebensatem genommen."

„Er läuft und läuft und läuft ... und was bringt Kaor zurück? Nichts als einen erbärmlichen kleinen Hörnerkopf!

Määääääh! Määääääh! Ein großer Jäger jagt große Lebewesen. Ein großer Jäger hat den Mut, dem Bruder Bär, der im Rachen der Erde schläft, den Atem zu entreißen."

Kaor wirft seinem Onkel den Hörnerkopf vor die Füße.

„Kaor wird dem Bruder Bär, der im Rachen der Erde schläft, seinen Atem entreißen. Dann wird Traho, mein Onkel, sehen, wie mutig Kaor ist."

„Kaors Worte sind größer als sein Herz."

„Kaor wird dem Bruder Bär, der unter der Erde schläft, seinen Atem entreißen. Er wird Traho sein Fell und eine Kette mit seinen Krallen überreichen. Dann wird der ganze Stamm sehen, dass Kaor ein mutiger Jäger ist, wie es sich für ein Wesen mit dem aufrechten Gang gehört."

Kaor verschwindet im Dickicht. Er wandert zwei Tage lang, bis er die hohen Felsen erreicht hat, die hinter den Wäldern aufragen.

Im Felsen ist ein breiter Spalt. Aus ihm steigt der Geruch des Bären, der im Rachen der Erde lebt, in Kaors Nase. Zermalmte Knochen, Reste von schwarzem Aas und eine reglose Stille, die über allem liegt, künden von der fürchterlichen Stärke des Lebewesens, das an dieser Stätte herrscht.
Kaor geht auf die Bärenhöhle zu.
„Bruder Bär, der du im Rachen der Erde schläfst, zeige dich! Ich bin Kaor, Sohn des Wouhon! Ich bin gekommen, um dich um deinen Atem zu bitten. Du wirst von meinem ganzen Stamm verehrt werden. Und alle werden sehen, dass ich ein mutiger Jäger bin!"
Aus dem Bauch der Erde dringt als Antwort ein lautes Brummen.
„Komm heraus, Bruder Bär! Zeige dich! Kämpfe mit mir!"
Kaor hat seinen Ruf kaum beendet, da springt ein riesengroßer, schwarzbrauner Schatten auf ihn zu. Mit aller Kraft stößt er seinen Speer hinein.

Das Brüllen des verletzten Bären hallt weit durch die Wälder.
Er richtet sich zu seiner vollen Größe auf, den Rachen weit aufgerissen und zum Himmel gereckt, und bricht den Speer ab, der in seinen Eingeweiden steckt.
Da wirft Kaor sich gegen seine Brust und sticht mit seinem Messer auf ihn ein. Der junge Jäger weicht den Krallen und scharfen Zähnen aus, aber dann schleudert ihn der Bär mit einem einzigen Tatzenhieb durch die Luft.
Kaor fällt ins Gestrüpp.
Drei tiefe Furchen ziehen sich durch seinen Oberschenkel.
Eine ist so tief, dass man den Knochen sehen kann.
Der Bär kommt ganz nahe heran. Er schnüffelt lange an Kaor herum. Dann verschwindet er wieder in seiner Höhle.

Es ist Nacht geworden. Und es ist kalt. Kaor taumelt
durch das Reich der Geister. Er spürt noch den Geruch
des schwarzbraunen Schattens mit den Krallen und
den scharfen Zähnen und er ruft in das Dunkel seiner
eigenen Nacht:
„Bruder Bär, friss Kaor nicht auf! Kaor will ganz
bleiben, um im Reich der Geister auf die Jagd gehen zu
können ..."

*Das ist der Augenblick, den ich, Großer Bär,
gewählt habe, um mich ihm zu zeigen:*

„GRRRR, da bist du also, kleines Menschenkind.
Du kennst mich nicht, aber ich kenne dich schon seit
deiner Geburt. Was hast du dir nur dabei gedacht?
Meinen Bruder, der im Rachen der Erde lebt, zum
Kampf herauszufordern ... Du hast Glück gehabt.
Er hätte dich auffressen können. Ich habe ihn gebeten,
dich am Leben zu lassen. Aber seine Wut ist groß. Sehr
groß. Du bist ihm etwas schuldig."
„Kaor hat nichts mitgebracht."
„Du musst ihm etwas geben. So lautet die Regel: Eine
Gabe verlangt eine Gegengabe. Lass mich nachdenken.
Ein Bein! Das wäre gut."
„Mach ich! Kaor wird auf die Jagd gehen, er wird das
Bein eines Hörnerkopfs mitbringen ... oder eines
Schnellläufers. Dein Bruder, der im Rachen der Erde
schläft, wird zufrieden sein."
„Kleiner Kaor, du kannst das nicht entscheiden. Mein
Bruder will das Bein eines Wesens mit aufrechtem Gang."
„Nein! Kaor wird kein Wesen auf zwei Beinen jagen!"
„Wer spricht von deinen Brüdern? Du musst DEIN
Bein hergeben. Das ist die Gegengabe im Tausch für
dein Leben."
„Nein! Nein! Kaor will laufen ... Kaor will ..."
„GRRRR. Das kleine Menschenkind will seine beiden
Beine behalten. Aber dazu ist es zu spät. Sein linkes Bein
wird ihn nicht mehr so tragen wie das rechte Bein.
Das wird er bei jedem Schritt spüren. Kaor wird bis
zu seinem letzten Atemzug hinken. So soll
es sein!"

Mit einem Schrei wacht Kaor auf.
Es ist Morgen.
Zwei Fremde beugen sich über seinen verletzten Körper, ein alter Jäger und ein Mädchen. Sie sprechen eine Sprache, die Kaor nicht versteht. Er ist viel zu schwach, um zu kämpfen oder zu fliehen. Das fremde Mädchen wischt ihm den Schweiß von der Stirn.
Sie legt auf seine Wunde ein Pflaster aus Lehm und Heilkräutern. Sie träufelt Wasser auf seine ausgetrockneten Lippen.
Der Alte zeigt auf sich: „Fran."
Er deutet auf das Mädchen: „Thia."
Er zeigt noch einmal auf sich: Fran. Dann auf das Mädchen: Thia. Dann deutet er mit einem fragenden Finger auf die Brust des jungen Jägers, der mühsam „Kaor" haucht.
„Kaor. Thia. Fran."
Der alte Jäger nickt zufrieden.

Die beiden Fremden haben ein Feuer angezündet.
Sie lösen sich an Kaors Lager ab, und so vergehen die Tage, bis er allmählich wieder Nahrung zu sich nehmen kann, bis er sich wieder aufrichten kann, bis er erst sitzen und dann, unter fürchterlichen Mühen, wieder aufrecht stehen kann.
Aber Kaor kann nicht mehr gehen.

Jedes Mal, wenn sein verletztes Bein den Boden berührt, zuckt sein Körper vor Schmerz zusammen, als spüre er wieder die Krallen des Bären.
Kaor, der von Sonnenaufgang bis Sonnenuntergang laufen und springen und einen Hörnerkopf jagen konnte, bis er ihn erlegt hatte, muss jetzt seinen Atem den schwächsten Lebewesen anpassen und beim Gehen lange Pausen machen. Er schnauft und keucht und klammert sich an seinen Stock.

Nach und nach lernen die drei Wesen mit dem aufrechten
Gang voneinander genug Wörter, um sich verständigen
zu können. Sie nehmen dabei die Hände zu Hilfe und
vollführen Gesten, die alle Jäger gemeinsam haben.
Kaor erzählt von der Horde mit den Geweihen, von der
Begegnung mit Tanda, von der Wut seines Onkels.
Er schildert seinen Kampf mit dem Bären, der im Rachen
der Erde schläft.
Thia will immer noch einmal hören, wie Kaor es erzählt.
Fran streicht sich zerstreut durch seinen weißen Bart
und schließt die Augen, als ob er eigenen Träumereien
nachsinnt.

Eines Morgens wacht der alte Jäger ungewohnt früh auf
und erhebt sich mit großer Tatkraft von seinem Lager.
Er befiehlt den Aufbruch.
Als die ersten Sonnenstrahlen hervorbrechen, sind die
drei Wanderer bereits im Morgendunst verschwunden,
der von den Wäldern aufsteigt. Sie wandern, bis die
Nacht hereinbricht, und dann noch einen Tag und noch
einen weiteren.
Der Weg ist lang für Kaors Bein. Er führt die drei Wanderer
bis an den Fuß eines großen Felsens, den Kaor noch nie
gesehen hat.

Der Felsen ist aus weißem Stein.
Er hat eine schmale dunkle Öffnung.
Fran schleicht sich heran. Er hält sein Ohr vor die Öffnung und horcht. Er streckt prüfend die Nase in die Luft.
Vor dem Felsen sind keine Spuren des großen Bruders mit den Krallen und den scharfen Zähnen zu sehen, keine ausgebleichten Knochen, kein schwarzes Aas. Nichts regt sich. Nur das leise Gemurmel der Bäume im Wald ist zu hören. Vom nahen Bach weht kalte Luft herüber, die nach Feuerstein und feuchter Erde riecht.

Fran kauert sich vor dem Rachen der Erde auf den Boden. Er bewegt langsam eine Kette aus Knöchelchen hin und her, die leise aneinander stoßen, und aus seiner Kehle ertönt ein kaum hörbarer Gesang.
Er öffnet sein Ledersäckchen und holt daraus rote Erde hervor, die er mit Wasser verrührt. Er bestreicht mit der roten Paste erst sein Gesicht, dann die Gesichter von Thia und Kaor.
Er entzündet einen Ast, der mit Harz bedeckt ist.
Dann geht er in den Rachen der Erde hinein, und seine beiden jungen Gefährten folgen ihm an diesen Ort, der dunkler ist als die Nacht.

Wassertropfen fallen herab. Sie erfüllen die Dunkelheit mit ihrem regelmäßigen Widerhall.

Die tastenden Schritte der Wanderer und sogar der Atem, der aus ihren Mündern kommt, dröhnen in ihren Ohren, als ob ihre Reise tief in den Rachen der Finsternis alle Geräusche unendlich vergrößern würde.

Kaor folgt dem gebeugten Schatten von Fran.

Er schaudert bei dem Gedanken, dass er seinen Führer durch diese Blindenwelt verlieren könnte.

Denn nichts, was das Herz eines Wesens auf zwei Beinen mit Mut und Kraft erfüllt, ist an diesem Ort vorhanden: Es gibt kein Sonnenlicht, kein Geraschel von kleinen Lebewesen, nicht die Gerüche der lebendigen Welt draußen.

Plötzlich weitet sich der Fels über ihnen wie der Himmel einer anderen Welt.

Fran hält das Feuer hoch über seinen Kopf und auf den Felsen erscheinen viele, viele Hände. Sie haben die Farbe von getrocknetem Blut.

Fran reibt sich über das Gesicht voller Lehm und presst dann seine rote Hand gegen den Felsen. So bleibt er schweigend eine Weile stehen. Dann gibt er Kaor und Thia ein Zeichen, es ihm gleichzutun.

Unter Kaors Händen wird der Stein ganz warm.

Fran geht noch tiefer in die Höhle hinein.
Er trägt das Feuer weiter.
Von der flackernden Flamme hell erleuchtet, dann wieder vom Dunkel ausgelöscht, tauchen für einen kurzen Augenblick die Geister der Tiere auf dem Felsen auf. Kaor deutet auf sie und gibt ihnen nacheinander ihre Namen – Hörnerkopf, Geweihträger und noch viele andere.
Im Widerschein des Feuers sieht er, wie sie zu atmen und zu tanzen beginnen. Er hört das Donnern ihrer Hufe.
Und da, hoch oben, erkennt er auch die Anführerin der großen Herde, die anmutige Gestalt der großen weißen Hirschkuh.
„Tanda!", ruft Kaor.
Tanda! Der Name hallt lange unter dem hohen Felsgewölbe wider, bis er schwächer wird und verklingt.

Diesen Augenblick habe ich, Großer Bär, gewählt, um ihm erneut ins Ohr zu flüstern:

„Nun, kleines Menschenkind, du hast bis hierher einen weiten Weg zurückgelegt. Sieh dir Fran genau an, den alten Jäger, der das Feuer in den Bauch der Erde getragen hat. Ich habe ihn dir geschickt:
Er wird dich lehren, zu den Geistern der Tiere zu sprechen.
Er wird dich lehren, ihr Bildnis zu erschaffen.
Bleibe bei ihm, lerne von ihm, und du wirst ein großer Weiser unter den Wesen mit dem aufrechten Gang werden."

Fran, Thia und Kaor kehren am nächsten Tag in die Höhle zurück, und auch am Tag darauf. Bald kann Kaor allein durch Tasten den Weg durch die Finsternis im Bauch der Erde finden.

Als Fran glaubt, dass Kaor jetzt dafür bereit ist, begleitet er ihn ein letztes Mal zu der Felswand, auf der die Geister der Tiere atmen und tanzen.

Er legt seine Hand auf Kaors Hand, und beide zeichnen mit einem Stück verbranntem Holz Kaors erstes Bild auf den Felsen. Es ist ein Hörnerkopf.

Und ich, Großer Bär, lasse ein zufriedenes Brummen hören.

Und ich blicke den drei Wanderern lange nach, als sie aus dem Rachen der Erde steigen und die Höhle mit den Bildern hinter sich zurücklassen.

Auf ihrer Wanderschaft durch die Wälder und Ebenen fällt Kaor der Blick auf, mit dem Thia ihn immer wieder ansieht, er hört ihr fröhliches Lachen, er spürt, wie sanft ihre Hände sind. Fran bleibt häufig ein paar Schritte zurück, damit die beiden ganz füreinander sein können. Nach Sonnenuntergang, wenn sie um das Feuer sitzen, lehrt der alte Jäger Kaor, welche Kräuter gegen Beschwerden helfen, welche Wurzeln die Schmerzen lindern und welche Gesänge und Gebärden er ausführen muss.

Wieder vergehen Frühling, Sommer, Herbst und Winter ...
Kaor ist wieder stark genug, um kleinere Lebewesen zu jagen. Er rennt nicht mehr, er streift nicht mehr so weit umher wie früher, aber sein Körper hat wieder Kraft und sein Geist ist schärfer als jemals zuvor: wie wenn man mit der Hand über die Kante eines sorgfältig geschliffenen Steins streicht, denkt Kaor.

Eines Tages entdeckt er über dem Wald eine Rauchsäule, die von einem Lagerfeuer aufsteigt.
Im Schutz der Bäume geht er näher heran und bemerkt einen vertrauten Geruch, den Geruch seines Stammes.
Drei kleine Wesen auf zwei Beinen spielen am Ufer des Flusses. Sie werfen Steine ins Wasser. Als sie den hinkenden Fremden sehen, der die Furt durchquert, und hinter ihm noch zwei fremde Wesen, stürzen sie mit lautem Angstgeschrei davon.
Jemand ruft:
„Kaor ist aus dem Reich der Geister zurück!"

Die drei Wanderer erreichen das Lager.
Sie stehen einer Reihe feindseliger Gesichter gegenüber.
Nawa, Kaors Mutter, wiegt sich auf ihren Füßen hin und
her und verdeckt mit ihrer Faust das halbe Gesicht.
Sie zögert. Sie will ihren Sohn noch nicht begrüßen.
Traho tritt vor, den Speer in der Hand:
„Warum ist Kaor gekommen? Er war noch kein ausgewachsenes Wesen auf zwei Beinen, als er fortgegangen ist, und jetzt kehrt er als Wesen mit einem Bein und einem Hinkebein zurück. Er hatte seinem Onkel ein Bärenfell und eine Kette mit Bärenkrallen versprochen. Und was bringt er ihm? Zwei weitere Mäuler, die gestopft werden müssen. Ein Wesen, das nicht jagen kann, und einen Alten, der zu schwach ist, um noch zu jagen."
„Kaor kommt, um die Seinen zur Herde mit den Geweihen zu führen."
„Die Herde mit den Geweihen ist zu anderen Stämmen fortgezogen, die sich jetzt von ihrem Fleisch ernähren. Daran ist Kaor schuld. Mein Bruder Wouhon hat sein Leben am Fuß eines Felsens ausgehaucht. Daran ist Kaor schuld. Kaor soll in das Reich der Geister zurückkehren!"

Und Traho stürzt sich mit seinem erhobenen Speer auf Kaor.

Kaor wankt unter dem Stoß und weicht zurück.
Er kann die Angriffe von Traho nur mühsam abwehren.
Als Traho sieht, dass der junge Jäger bald nicht mehr kämpfen kann und sein verletztes Bein zittert, legt er seine ganze Kraft in einen letzten Stoß.

Da sorge ich, Großer Bär, dafür, dass Kaor den Stoß abwehren kann. Ich führe ihm den Arm, ich gebe ihm die Kraft, den Speer zu zerbrechen, dessen Spitze auf ihn gerichtet ist, ich lasse in ihm die Wut meiner Brüder wachsen, damit er seinen Onkel angreifen kann, und es ist meine Stimme, die mit einem mächtigen Brummen aus ihm hervorbricht, als Traho endlich besiegt vor ihm auf dem Boden liegt.

Schweigend umringen alle den gestürzten Traho.
Doch in den Gesichtern, die sich über den reglosen Körper beugen, steht eine einzige Frage geschrieben:
„Wie kommt es, dass Traho, der große Jäger, der stärkste Jäger unseres Stammes, von Kaor besiegt worden ist, den wir noch als kleines Kind vor Augen haben, von einem, der nur ein Bein und ein Hinkebein hat, das vor Anstrengung zittert?"
Der Onkel, der sich beim Sturz die Schulter gebrochen hat, wird zum Unterschlupf von Nawa getragen.

Kaor tritt vor Nawa.
„Mutter, ich habe Fran und Thia mitgebracht. Sie haben über meinen Atem gewacht, sie haben mein Bein versorgt, sie haben mir ins Leben zurückgeholfen."
Nawa heißt sie in ihrem Unterschlupf willkommen.

Fran kümmert sich um die verletzte Schulter von Traho und Kaor hilft ihm dabei. Thia bereitet Streifen aus Tierhaut vor. Gemeinsam binden sie Traho den rechten Arm fest vor die Brust.
Traho spricht zu dem jungen Jäger.
Seine Stimme, die immer voller Wut war, klingt sanft und friedlich.
„Traho hat nicht recht getan. Kaor ist bei den Seinen willkommen. Aber die Herde mit den Geweihen kommt nicht mehr. Ihr Fleisch fehlt uns. Von unserem Stamm werden viele ihren Atem der Erde zurückgeben müssen, bevor die nächste kalte und weiße Zeit vorüber ist."
„Kaor wird zu den Geistern der Tiere sprechen. Er wird Tanda, die große weiße Hirschkuh, bitten, dass ihr Volk uns noch einmal von seinem Fleisch gibt."
„Kaor ist groß und weise", antwortet Traho.
„Sein Vater Wouhon wäre stolz auf ihn."

Später, als die Nacht hereingebrochen ist, versammelt sich der ganze Stamm um das Feuer. Alle blicken erwartungsvoll auf Kaor, auf Fran, den alten Jäger, und auf Thia, die junge Fremde, die sich so stolz und anmutig bewegt.

Und Kaor beginnt zu erzählen:
„Manche Lebewesen fliegen durch die Lüfte. Sie sind mit Federn bedeckt und nähren sich von den Früchten der Bäume. Manche Lebewesen schwimmen im Wasser. Sie sind stumm und ihre Haut hat die Farbe des Mondes. Manche Lebewesen laufen und laufen. Sie nähren sich von den Gräsern, die auf der Haut der Erde wachsen. Und andere wiederum jagen im Dunkel der Nacht. Sie zerreißen das Fleisch mit ihren scharfen Zähnen. Alle diese Lebewesen tragen den Atem des Lebens in sich, von ihrer Geburt an bis zu dem Augenblick, in dem sie ihn der Erde wieder zurückgeben. Wie es alle, die vor ihnen waren, getan haben, und wie es alle, die nach ihnen kommen, tun werden ..."

„... Aber manche Lebewesen haben keine Hufe, um zu laufen, und keine scharfen Zähne, um zu töten, und auch keine Krallen, um das Fleisch zu zerreißen. Sie müssen sich mit dem Fell der anderen Lebewesen bedecken, um sich vor den Bissen der Kälte zu schützen. Sie sind schwach. Sie sind nackt. Und trotzdem laufen sie. Und trotzdem jagen sie und töten sie. Sie greifen mit Speeren an. Ihre Schreie sind anders als die aller anderen Lebewesen.
Sie sind die Wesen mit dem aufrechten Gang ..."

„... Auch wenn eine Krankheit ihren Atem schwächt, wenn sie alt geworden sind und von anderen Jägern abhängig, die ihnen Fleisch mitbringen, auch wenn ihre Beine sie nicht mehr tragen können, bleiben sie immer noch die Wesen mit dem aufrechten Gang ..."

Eine weitere Stimme steigt in die Nacht empor:
„Und auch die anderen, die Kinder gebären und die kleinen, sacht atmenden Wesen an ihre warme Brust drücken und zum Gesang ihrer Stimme hin und her wiegen ..."
Es ist die Stimme der jungen Fremden, die Kaors Hand an ihren runden Bauch gelegt hat.

„... auch sie sind die Wesen mit dem aufrechten Gang."

Und ich, Großer Bär, habe freudig genickt. Denn ich wache schon über das kleine Wesen, das in Thia heranwächst und das bald, wenn erst die nächste weiße und kalte Zeit vorüber ist, das Licht der Welt erblicken wird.

Dann werde ich ein neues Menschenkind durch sein Leben begleiten ...

www.boje-verlag.de

© 2006 Boje Verlag, Köln
Alle deutschsprachigen Rechte vorbehalten
Die französische Originalausgabe erschien 2005 unter dem Titel
»Grand ours« bei Casterman, Brüssel
Aus dem Französischen von Bernadette Ott
Lektorat: Frank Griesheimer
Gesamtherstellung: Verlags- und Medien AG, Köln
Printed in Belgium

ISBN 10: 3-414-82007-2
ISBN 13: 978-3-414-82007-5

5 4 3 2 1   10 09 08 07 06